DISCOURS

SUR

LA RELIGION,

PAR M. BERGERAS,

AVOCAT.

A PARIS,

CHEZ {POTEY, Libraire, rue du Bac, n° 46;
LE CLERE, Libraire, quai des Augustins, n° 35.

1825.

DE L'IMPRIMERIE DE CRAPELET, RUE DE VAUGIRARD, N° 9.

DISCOURS

SUR

LA RELIGION,

PAR M. BERGERAS,

AVOCAT.

A PARIS,

Chez { POTEY, Libraire, rue du Bac, n° 46;
LE CLERE, Libraire, quai des Augustins, n° 35.

1825.

DISCOURS

SUR

LA RELIGION.

Oui, la Religion exerce sa puissance
Depuis le jour où l'homme a reçu la naissance.
L'homme, à peine sorti des mains du Créateur,
Dans l'admiration, adora son auteur.

Ce flambeau qui pourrait incendier le monde,
Et qui, de ses rayons, l'éclaire et le féconde ;
Ces globes voyageurs qui parcourant les cieux,
En feux étincelans, se balancent aux yeux ;
Cet astre qui, des nuits perçant les voiles sombres,
Dispense la clarté jusques au sein des ombres ;
Les mers qui, pour s'étendre, avec de longs efforts
S'élèvent, et toujours retombent sur leurs bords ;
Les vents qui, se formant au séjour du tonnerre,
Se dérobent du ciel pour balayer la terre ;
La terre aux animaux prodiguant les moissons ;
Les saisons tour à tour succédant aux saisons,

Tout dans ce monde, tout, dans ce théâtre immense,
D'un artisan suprême attestant la puissance,
L'homme ne douta point. Un sentiment vainqueur
Avait déjà parlé dans le fond de son cœur.

Ainsi, durant le cours des siècles d'ignorance,
Siècles qui du Seigneur précédaient la naissance,
Les hommes éprouvaient le besoin d'adorer
Le dieu que vainement ils croyaient rencontrer.
L'instinct de la nature, encore dans l'enfance,
Du Dieu qui nous créa soupçonnant l'existence,
Tous les peuples divers le cherchaient en tous lieux,
Et, d'une sainte erreur, naquirent les faux dieux.

Avant que dans la Grèce on adorât la terre,
Dans le Perse le vent, dans l'Inde le tonnerre,
Vingt peuples d'Orient, au sortir du sommeil,
Tous les jours, dans son temple, adoraient le soleil.

C'est au fer que le Scythe adressait ses prières,
L'Arabe, en les foulant, idolâtrait les pierres.
Le Sclave, le Vandale aux arbres, aux forêts,
Comme à des dieux vivans, prodiguait ses respects.
Le Lithuanien, pour laver sa souillure,
Du serpent adoré convoitait la piqûre.
La mouche, en Thessalie, égale aux immortels,
Voyait, en son honneur, élever des autels;
Et ses prêtres, sans cesse offrant des sacrifices,
Pour l'abreuver de sang, immoler des génisses.

Les chats, profanateurs du culte des souris,
Étaient, à Thénédos, en criminels, proscrits.
L'Égypte, au bord du Nil, cherchant le crocodile,
S'offrait pieusement aux dents de ce reptile,
Et croyait s'honorer du trépas le plus beau,
Quand les flancs de son dieu lui servaient de tombeau.
Enfin, à tous les corps que le soleil éclaire,
Que l'onde reproduit, que renferme la terre,
Qui frappent les esprits, qui tombent sous les sens,
Les crédules païens prodiguaient leur encens.

Mais, si du dieu des dieux, leur faible intelligence
Ne put, malgré ses vœux, embrasser l'existence;
Si le guide trompeur de leur crédulité
Assimila l'idole à la divinité,
Toutefois, ils montraient des sentimens sublimes :
Quand leurs prêtres cruels demandaient des victimes,
Pour calmer leur fureur, ces barbares pieux
Se disputaient l'honneur de mourir pour leurs dieux.

Et nous, quand le vrai Dieu remplit notre croyance,
Quand son Fils, à nos yeux, démontre sa puissance,
Quand il naît, quand il meurt, quand il renaît pour nous;
Quand, lui seul, de son Père, apaise le courroux,
Impose le silence à la voix des oracles,
Et rend le monde entier témoin de ses miracles,
Nous, chrétiens, nous osons louer avec tiédeur,
Sa gloire, sa bonté, ses bienfaits, sa grandeur !

Nous osons, sans rougir, affichant nos exemples,
Nous chrétiens, dédaigner le culte de ses temples;
Et ce n'est seulement qu'à l'heure de la mort,
Que nous nous rappelons, tremblans pour notre sort,
Que Dieu, quand le néant nous ouvre ses abîmes,
Récompense ou punit nos vertus ou nos crimes!

Ah! ne présumons point qu'on puisse impunément
Arriver criminel au jour du châtiment,
Et qu'un recueillement, ou trompeur, ou sincère,
Du Dieu qui nous poursuit désarme la colère ;
En vain nous espérons, quand nos jours vont finir,
Que Dieu, pour le prier, nous rouvre l'avenir,
Il n'est plus temps, fermons nos cœurs à l'espérance,
Nos forfaits ont de Dieu fatigué la clémence;
Il faut mourir, il faut, nous l'avons mérité,
Dans des feux dévorans, subir l'éternité.

Que dis-je! c'est de Dieu faire un juge implacable!
Non, non, Dieu ne punit que l'obstiné coupable.
Aux remords du pécheur il daigne prendre part.
Pour obtenir sa grâce il n'est jamais trop tard.
Jusqu'au dernier moment un regret, une larme,
Un soupir, un regard, un souffle le désarme.
Et sitôt que la foi dirige notre esprit,
Il lave nos forfaits au sang de Jésus-Christ.

Mais, parce qu'il se plaît au bien qu'il nous accorde,
Devons-nous abuser de sa miséricorde?

Mais, parce qu'à la mort il cherche à nous sauver,
Pendant que nous vivons devons-nous le braver ?
Et, repoussant toujours la grâce qu'il nous donne,
Devons-nous l'offenser parce qu'il nous pardonne ?
Tel est pourtant, tel est notre état criminel !
Et nous ne craignons pas d'irriter l'Éternel !
Pendant que la santé circule dans nos veines,
De sa suprême loi nous secouons les chaînes ;
Les danses, les plaisirs, les festins, les amours,
De nos jours fugitifs se partagent le cours.
Dans l'oubli du Seigneur nous passons la jeunesse ;
L'âge mûr disparaît, arrive la vieillesse ;
Et toujours le pécheur, s'abstenant de prier,
Soutient qu'il est toujours temps de s'humilier.
Il est temps, répond-il, quand, par la maladie,
Dans un corps énervé, notre force engourdie
Met, malgré nos penchans, un terme à nos écarts,
Il est temps, à la mort, de tourner nos regards
Vers un Dieu qui pardonne aux larmes des victimes.
Il est temps, à la mort, de pleurer sur nos crimes.
Nous prîrons quand le mal viendra nous avertir.
Mais, à la mort, toujours peut-on se convertir ?
Eh quoi ! nous nous flattons de connaître d'avance
Le jour où doit pour nous s'ouvrir la pénitence ?
Mais, ne savons-nous pas qu'un caprice du sort
Livre l'homme au démon, et la vie à la mort !

La fièvre qui dévore, ou la foudre qui tombe
Peut, avec le péché, nous plonger dans la tombe ;
Le poison d'un jaloux, le fer d'un assassin
Nous déchirer le flanc, ou nous percer le sein !
Sans cesse, par la mort, la vie est combattue,
L'onde qu'on boit corrompt, l'air qu'on respire tue ;
Nous marchons au tombeau ; devant nous, sous nos pas,
Sur nos têtes, partout nous trouvons le trépas.

Or, puisqu'il est certain qu'il faut que l'homme meure,
Et que le coup mortel peut l'atteindre à toute heure,
Il faut donc qu'à toute heure il soit prêt à mourir.

Mais, pour nous préparer, à qui donc recourir ?
A qui ? le Créateur instruit sa créature.
Dieu, pour nous éclairer, fit parler l'Écriture.
Sa parole aux chrétiens indique leur devoir,
Aux pécheurs leur salut, aux prêtres leur pouvoir

Les prêtres, aux pécheurs prêtant leur assistance,
Les mènent à la grâce avec la pénitence.
Dans le cours de la vie ils savent préluder
Aux bienfaits qu'à la mort Dieu nous daigne accorder.
Ils préparent notre âme à la vie éternelle :
Qui ? les prêtres ?..... Jamais, réplique l'infidèle,
Jamais ils n'ont pu rien pour notre éternité ;
Leur science est le fruit de la crédulité.

Insensé, je connais cette étrange sentence
Dont ton impiété s'arme avec arrogance.

(9)

Un poète français, fameux dans l'univers,
Osa pompeusement l'enfermer dans deux vers....
Mais pourquoi rappeler les erreurs de Voltaire?
De Voltaire ou de Dieu, dis-moi, qui doit se taire?
Oses-tu balancer entre Voltaire et Dieu?
Dieu, par les livres saints, te révèle en tout lieu.
Qu'aux prêtres appartient la puissance d'absoudre
Le pécheur pénitent que menaçait sa foudre;
Parle, oses-tu, soumis à la voix d'un mortel,
Étouffer dans ton cœur la voix de l'Eternel?
Oses-tu, devant lui, déniant leur science,
Aux ministres de Dieu ravir ta confiance?
Réponds, déjà le ciel s'ouvre à ton repentir;
Mais redoute l'enfer, l'enfer va t'engloutir.

Ta bouche vainement s'impose le silence;
Ton crime, par tes yeux, trahit ta conscience.
Eh bien, méconnais donc, méconnais ton devoir;
Des ministres de Dieu méprise le pouvoir;
Ne crains pas de mourir d'une mort foudroyante;
Ne crains pas qu'à la mort le crime te tourmente;
Vois, sans frémir, Satan veiller à ton trépas;
Sans frémir, vois l'enfer entr'ouvert sous tes pas;
Dans des torrens de feu va brûler à ta place,
Pécheur; il n'est pour toi ni ciel, ni Dieu, ni grâce,
Dieu, le ciel et l'enfer sont sourds à tes clameurs,
Meurs dans l'impénitence.... Elle t'a perdu... meurs.

C'est en vain que la foi proclame ces maximes,
Le pécheur obstiné persiste dans ses crimes,
Du Dieu qui nous créa les temples sont déserts,
Et les chrétiens en foule arrivent aux enfers.

Triste et cruel effet de notre destinée;
Nous tombons, en suivant une erreur obstinée,
Au pouvoir du démon; lorsque Dieu, de sa main,
Pour approcher de lui, nous trace le chemin!

De quel secours est donc, dans l'erreur où nous sommes,
La raison, ce flambeau qui doit guider les hommes,
Si, dans leurs actions, loin de les éclairer,
Elle ne brille en eux que pour les égarer?

Veut-elle nous trahir comme ces feux perfides
Qui, dans l'ombre des nuits, inévitables guides,
Du voyageur errant, accélérant les pas,
De périls en périls le mènent au trépas?

La raison! ah! toujours, dans le fond de notre âme,
De l'amour du Sauveur elle entretient la flamme!
Mais, hélas! trop souvent le cri des passions
Fait taire, dans nos cœurs, ses inspirations:
Des erreurs, trop souvent, les ombres l'obscurcissent;
Les préjugés vainqueurs trop souvent l'asservissent;
Mais le mortel heureux qui marche à sa clarté
S'avance, d'un pas sûr, vers la Divinité.

C'est elle dont la voix nous répète sans cesse
Ces grandes vérités de l'humaine sagesse:

« Est-ce pour son salut, ou celui des mortels

« Que ce Dieu vous appelle au pied de ses autels?

« Pouvez-vous, par des vœux, agrandir sa puissance?

« Son repos dépend-il de votre pénitence?

« Attend-il, pour régler l'ordre de l'univers,

« Que vos cœurs soient ou non au repentir ouverts?

« Est-ce dans votre foi qu'il puise ses lumières?

« Non. Et quel besoin donc a-t-il de vos prières?

« Aucun. Votre salut est donc le seul bienfait

« Que sa bonté, pour vous, se propose en effet. »

Ces grandes vérités que la raison proclame

Parviennent, mais en vain, jusqu'au fond de notre âme;

Notre âme sourde, hélas! loin de les écouter,

Comme un songe importun cherche à les rejeter!

Mais, hélas! à quoi sert de nier l'évidence!

A quoi sert, dans nos cœurs, d'étouffer la croyance!

Est-ce en nous obstinant dans l'incrédulité,

Que Dieu nous admettra dans son éternité?

Ah! plutôt livrons-nous à la reconnaissance

Que doivent inspirer les bienfaits qu'il dispense!

Prions, prions ce Dieu qui veille sur nos jours.

Heureux qui de sa grâce implore le secours!

Il doit, vivant en lui, goûter le bien suprême,

Et, mourant en chrétien, se survivre à lui-même.

Voyez-vous ce pasteur, incliné vers l'autel,

Qui, d'une voix fervente, invoque l'Éternel,

Du prophète David récite les cantiques ,
Et baise du Sauveur les sanglantes reliques?
Chrétiens, prêtez l'oreille aux accens de sa voix :

  « Grand Dieu, ton digne Fils mourut sur une croix !
« Il mourut innocent pour effacer nos crimes ;
« Il mourut pour sauver un peuple de victimes ;
« Il mourut... Et ta haine, éteinte par sa mort,
« Remit à ta bonté le soin de notre sort.
« Nous venons de ce Fils t'offrir le sacrifice.
« Son corps est dans ce pain, son sang dans ce calice !
« Respect à ce mystère impénétrable à tous.
« Vous ne devez que croire et fléchir les genoux.
« Croyez en Dieu, chrétiens, adorez sa clémence ,
« Ce sacrifice auguste atteste sa puissance. »

  Oui, ce Dieu qui n'est rien pour les hommes pervers ,
De sa vaste puissance embrasse l'univers ;
Et ce n'est pas en vain qu'elle nous favorise.

  Le sang que les martyrs ont versé pour l'Église ;
Des douze voyageurs l'apostolique voix ;
Les miracles sur terre, opérés tant de fois ;
Les enfans d'Israël marchant vers le rivage,
Dans les flots du Jourdain, qui leur ouvre un passage ;
Le flambeau dont le jour emprunte sa clarté,
A la voix d'un mortel, dans sa course arrêté ;
La mer, que le Sauveur franchit d'un pas rapide ,
Devenant, sous ses pieds, une plaine solide ;

Les élémens enfin soumis à Jésus-Christ,
Mille fois des humains ont éclairé l'esprit.

Mais n'est-ce point assez, pour les croire sincères,
Que ces miracles soient attestés par nos Pères ?

Eh bien, sang des martyrs, famille d'Israël,
Disciples du Sauveur, astre brillant du ciel,
Homme-Dieu dont la voix confondit les oracles,
Terre, mer, élémens, témoins de ces miracles,
Dans les fastes du monde en foule accumulés,
L'univers attentif vous écoute.... parlez.

Comme un astre qui plane au haut de sa carrière,
Le front environné de rayons de lumière,
Une vierge apparaît. L'Évangile à la main,
Du ciel à l'univers elle apprend le chemin.

« Dieu, quels que soient les vœux que votre bouche énonce,
« M'a confié, chrétiens, le soin de sa réponse,
« Dit-elle. Associée à sa divinité,
« Je partage avec lui l'infaillibilité.
« De son pouvoir enfin mon pouvoir est l'image,
« Et j'ai seule le droit d'expliquer son langage. »

Croyons donc, ah ! croyons, avec plus de ferveur,
Cette Vierge sacrée épouse du Sauveur,
Et du dieu d'Israël fille miraculeuse,
L'Église, consolante, antique, glorieuse.

Consolante... L'Église offre, aux pas des mortels,
Pour monter vers les cieux, les degrés des autels.

Ces prophètes vaincus, ces sectes étouffées,
A sa gloire, à jamais, serviront de trophées.

La foudre, que l'enfer osa mettre en leurs mains,
En menaçant ses murs, effraya les humains ;
Mais depuis deux mille ans, cette foudre se brise
Sur la pierre où le Christ a bâti son Église.

Tel on voit un rocher, aussi vieux que le temps,
Dominer sur les mers, battu par les autans :
Le ciel brille d'éclairs et les orages grondent ;
Le vent souffle et mugit, les antres leur répondent ;
Sans cesse, autour de lui, la foudre vient rouler ;
Mais c'est toujours en vain que, pour mieux l'ébranler,
L'abîme est sous ses pieds, la foudre est sur sa tête ;
Le roc reste immobile et lasse la tempête.

DE L'IMPRIMERIE DE CRAPELET,
rue de Vaugirard, n° 9.